TRES ESTUDOS
PARA UN POEMA
DA CIDADE

1ª edición, 1ª impresión, 2018

© Editorial Galaxia, 2018
Avenida de Madrid, 44, baixo. 36204 Vigo
www.editorialgalaxia.gal

ISBN: 978-84-9151-155-7
Depósito legal: VG 31-2018

Imaxe da cuberta
A partir dunha ilustración do libro
Leçons de perspective positive, de Androuet du Cerceau
(fl. 1549-1584).

O papel utilizado neste exemplar é reciclable,
libre de cloro e obtido dunha xestión forestal sostible
dende o punto de vista do medio ambiente.

Antón Blanco Casás

TRES ESTUDOS PARA UN POEMA DA CIDADE

EDITORIAL GALAXIA

I

A CIDADE

Uns logran delimitar o espazo
da gran masa porosa
como un tanque inmedible de
universo líquido que non é.

Que non é masa porosa nin cidade.

E tales axentes que interveñen
relatan:

"Era inquietante a historia
dos que habitaron a cidade".
A visionaria compoñía cantos
sobre os fundadores.
Unha caravana de migrantes extraviados
dispostos a construír territorios, linguas,
obras, chegara aquí, ás terras de [*subs.*]
e primeiramente puideron establecerse.

Os fundadores, os que habitaron
a cidade antes de todo
viron e delimitaron a tentación de abarcar
todo un planeta imposible de ver ao tempo.

Exploradores capaces de trazar unha forma que se
nega a si mesma.

Tempo antes da súa chegada, alí non había cidade,
por suposto,

mais non había nin espazo-anterior-á-cidade,
ou algo como
punto-recoñecible-no-espazo-enteiro.

A cidade chega cando se nomea.
Dos fundadores, algúns
non podían comunicarse
e aínda así,
sen diciren o visto,
nacía unha estrutura de formigón
ou pedra e cuspíase ao mar.

Nacía unha estrutura de igual maneira.

Dos fundadores, algúns que
aínda que non podían falar, pensábana.
Precisamente iso que quedaba e daba lugar
(fose sucio ou non)
deviña masa porosa
palpitante.

Daquilo que fundaron que non respectaba os límites.

Os que habitaron a cidade foron voraces
e cumpríalles alimentarse do que planeaban comer.

Dixéronlles "domeade o que había",
que non era nin
espazo-anterior nin
punto-recoñecible-no-espazo-enteiro,
"facede cabalgable a terra,
golpeádea canto sexa necesario".

Descubriron o cultivo de alimento.
Animais achegándose.

Descubriron alimentar animais para alimentárense.

Estableceron pautas que permitisen un equilibrio.

Os refugallos dos animais comidos son inevitables.

Os refugallos dos animais comidos
excretábaos a propia cidade.

Fóra da cidade é líquido.

Porén, calquera que fosen os erros dos fundadores,
unha masa extensible como é esta, torsionábase
con forzas inéditas.

Era inquietante a súa historia.
A visionaria cantaba
a de quen se asfixia co cordón umbilical.

NON NO PREGAMENTO ANTERIOR, MESETA QUE NON SE DESGASTA

Na planicie inician os preparativos para emprender
a segunda das exploracións.
Ao explorador ábreselle aí a fronte.

Fronte negrísima.
Fronte succionada por mandatos difíciles
de comprobar.

Non hai texto que os recoñeza.

Este deserto ou planicie é
agora novo punto de recoñecemento.

Exploradores ou cranio baixo peso de todos
os gases
rematan os preparativos e a expedición é inminente.
O itinerario
é imposible sen vehículo.
Isto provoca que colectivos non moi extensos deles
se confinen en cadansúas barcazas.

Fluxos irregulares que se afastan da cidade
co obxectivo de observar.

Efectivamente, chegados a un punto
orientáronse cara aos brazos da cidade
e observaron.

INFORTUNIOS: A FORMACIÓN DA FAME

Asistentes e participantes no desenvolvemento.
Neste caso
a historia dos fundadores
é a dun mar que se achegou ás súas portas
anegando un val sen planicie.
Anegados os limos.

A primeira etapa cubriuse de infortunios e loitas.
Chegaron a referendar que,
tras o pasamento de [*subs.*],
se enterraría con el toda
a súa corte e así foi que hai
acres completos prohibidos de pisar,
salinas rexias que xamais
desde entón
produciron;
por preservar as teces desde cabaleiros,
segundóns,
persoal de servizo,
liñas sucesorias.

Domesticaron finalmente os animais.

Os fundadores, palidísimos cando enturbaban
 a auga.

Da enfermidade dos animais aprendeuse co fedor
(anos incontables despois
habería quen recrease estas desgrazas con asubíos

e pequenos continxentes representados
acubillándose entre animais abertos en canal).

Acres completos, un terremoto de luz.

Segregacións da cidade: despréndese dos límites.

Coa enfermidade dos animais, piras cociñándose
ao sol.

Volvían ás plantas. Comezou a percorrer a cidade
un limiar.

OS DIQUES HIDRÁULICOS

Escóitase un libertino augurar
a prolongación da fame: predio do xuízo que levou
aos [*subs.*] a reformular as dinámicas.

É unha construción,
unha liña sucesoria nova,
unha rebelión nova. A estrutura, de pórfiro.

Localizábanse en puntos distantes os que se opoñían
a negaren o alimento se faltaban animais.

En realidade todos aqueles que tiñan en man
o poder de cuantificar,
silabarios.

Acordaban outra organización da falta.

Conta dunha instancia que chegara de [*subs.*]
e os nomes dos [*subs.*] soaban no seu relato.
Viaxaran ata alá.

Visións como de asolagamento
e toda a poboación desasistida durante unha longa
tempada
e as augas acollían desastre. Acollían
zumes vitais e sepultaran por meses
os corpos.

Escóitase que recompoñían as presas e contencións
e drenaban a auga, os zumes
e abrían foxas ao pé dos diques
e aí os corpos.

Era da continxencia.
Era unha continuación da pequena aldea.
Fíxoselles necesario instaurar as tabeliñas.

O libertino aprende por elas o cómputo.
Permítelle tal augurio.

Dicía que se trataba de construír
con pórfiro e mármore. Os animais, entón, cando
ser alí levados
con máis frecuencia...

Cuantificar coiros e cabeleiras
dos que non morrían por enfermidade
como alimento.

VINTE MIRADAS
ARREDOR DO NENO [SUBS.]

Os arquivos aluden á caída do mandatario
e o posterior nomeamento de sucesores.

Mentres, a rexencia. E acontece
na orde política, nestes profundos
trastornos a precesión a cataclismos.

Narrarían dun tempo que apea e
dunha familia que irrompe
e compuxeron así as miradas posibles.

A familia aparece e mantense
hierática como a imaxe dunha estatuaria.
    Os habitantes,
temperáns ante a familia que irrompe,
absorben con ferocidade. Falan
e recrean diálogo. Son silentes.
Abordan a contemplación e asúmenlles orixes
e puntualízase que [*subs.*] traballou sobre as súas
    formas
e puido ver.

[*subs.*] conformaría outra caste de exploradores.
En todo caso, sería un explorador.
Estes actúan sós e a súa revelación
aparece cando volven e a expoñen ante os habitantes.

Ve: emitindo,
os tres membros da familia,

unha primeira emanación das cavidades
profundísimas
como mensaxeiros, vicarios. Provocan videncias
no rexente.

Retrato do pai-comendador:
"nas barbas vóalle o mar e ondúlanselle as concas
dos ollos".
Nelas [*subs.*] puido ver. Nelas [*subs.*]
viu organismos, miasmas e,
varrendo cadáveres en razón de túmulos,
aqueles poucos habitantes non afectados polo
flaxelo.

Visión do fillo:
"solidificación de todo o océano [que intuían
visitando a cidade].
Enrarécese e metamorfosea en rocha plutónica".
O océano desaloxado do corpo do neno
e os habitantes querendo construír
con el a casa que acollese unha imaxe bondadosa
do infante.

[*subs.*] refírese á oseira
onde xaceron moitos outros
para recoñecermos a nai.

Baixo todo quebrantamento da moral que infunda,
instalouse o flaxelo na cidade.
Isto recólleno os arquivos.

Tanto se se tratase dunha
identidade mórbida como non (identidade psíquica),
a visión de [*subs.*],
explorador-mais-non-explorador-que-se-despraza,
tamén vén recollida.

II

RENOVACIÓN DO MOVEMENTO INICIAL

No mes de [*subs.*] do ano de [*subs.*],
unha vez superaran a actividade do virus,
notificaríase unha baixada máis que significativa
da poboación.

Poboación incinerada.

Do virus que arde e é refugado.

Con isto remata a fame e tocaría
a case un animal por cada tres habitantes.

De aí a cidade capaz de volver soltar os brazos
á masa de auga,
construír bubóns nas paredes do monte.

Rematados os velenos últimos que os atafegaban,
marcarán a liberación,
outra vez,
de exploradores-que-se-desprazan.
O regreso a puntos elevados.

Tríptico da expedición.

Os que ascenden ao [*subs.*],
así nomeado antes dos cataclismos,
fano acompañados de rexistradores.
A experiencia do visto

sería devolta á cidade na pupila comunicadora
dun deles.

O punto da pupila que volve remexéndose en si.

Torcen as pernas nas inmediacións do cumio.
Acceden,
coas pernas escordadas,
á contemplación primeiro das alturas,
despois da masa abxecta: cae
sobre a cidade a mesma cidade.
Torsión do Tétanos.

Os preparados para o alfabeto describían no sitio
cen non, duascentas veces esa mirada.

Podían distinguir puntos fóra da cidade.

Deles viñan outros dos exploradores-
que-
se-desprazan
coa cara escindida polo presenciado.

Relatábanllo ao escriba.

Mentres se atopaban en [*subs.*] a maioría,
chegara unha mínima representación dos
expedicionarios
xunto con outras testemuñas.
Pedíronselles novas sobre a situación
dos que cara alí partiran,
o resto dos que regresaran
das fuxidas pola fame e o flaxelo,
e respecto do lugar en si.

Tívose esta resposta,
como recollía o escriba:

"Os que regresaron das fuxidas pola fame
viven alá e atópanse en pésima situación.
Fóronlles derrubadas as súas novas murallas
e queimáronlles as portas".

Ante aquelas palabras
houberon de estender a nova por toda a
masa abxecta que é a cidade.

En tromba, unha fervenza solar tan vasta
deixou caer
monte abaixo
unha lousa e fixáronse os límites.

REINTERPRETACIÓN DA CAÍDA DA CIDADE (1)

Ao que se acomodaba
e collía cor violácea nas pernas
e collía fendas no rostro
(cantaba e con el
unha apertura máxima dos ollos,
tensión dos ollos,
sustento vibrante,
pé no mar),
saíalle o canto dun impulso,
do ventre.
Abxectábase e acadaba nesa voz,
que é excremento derradeiro e rapidísimo,
contactar con novos espazos e logo succionarse a
    si mesmo desde a gorxa,
saír a través dela, caer.

Arrodéano milleiros.
Póñenlle palabra en boca como se conservase voz
e escriben os que teñen aprendidos os silabarios.

Danlle por nome [*subs.*], o que caeu
    irremediablemente.

Sacudía as identidades dos que se lle enfrontaban.
Probaron que dixese, de conservar a voz,
    o seguinte,
e así rexistraron:

"Destes límites despréndeseme o corpo.
Límites da condición de explorador-construtor.
Cantei e con isto refugaba perdas.
Atravesoume a voz un raio de videncia".

Ven a urbe na palabra do cadáver.

REINTERPRETACIÓN DA CAÍDA DA CIDADE (2)

Envolveitos en alabastro.
Amasillo de cabezas que
vibran e producen calor.
Poden obter coñecemento de incidentes acontecidos
fóra do que ven.

Obteñen coñecemento.

Envolveitas en alabastro, multitude de barcazas
irradiaban salseiros e os patróns,
adiantando o peito con aceno de topar
ollos.

Isto é
percibir outra densidade na auga.
Na densidade, o refugallo.
"Este cáeme para eu manterme no abismo,
escórrese de min
e consúmome ou desprázome dun nivel a outro,
do precipicio ao fondo".

Redactaban así os que ostentaban o poder da
glosa,

outra vez vendo a cidade na porción do abxecto
que xacía na ribeira;
[*subs.*], o que caeu
irremediablemente.

Está nel a cidade abrazando as masas
inmensurables de auga,
núcleo de tensións.

Desta repélense os seus propios axentes.

Ascenderan a un miradoiro.

Hai unha barreira no nome,
na referencia.

REINTERPRETACIÓN DA CAÍDA DA CIDADE (3)

"Aqueles ollos
e este miradoiro
filtráronse a través das nosas veas abertas".

SON OS BAIXORRELEVOS OS QUE GUÍAN A MARCHA DOS CONTINXENTES CARA Á ESTRUTURA

Dentro das casas e
fóra das casas
e no que visita desde fóra
e no mar
as casas do peixe estabulado.
Nas cadernas, volvendo a vista.

Ceouse só dunha banda.

O tamaño dos habitáculos alcanza o
punto máximo coas mareas equinocciais.

Tamén o punto mínimo.

Na situación presente é o punto mínimo.

En calquera dos casos a cidade
non é unha estrutura exenta. Un baixorrelevo
a piques de ser anegado pola parede que
o recrea.

Ceouse dunha banda e remouse da outra.
E logo remouse das dúas e a estrutura visitounos.

A estrutura está no escenario,
na xeografía.
A xeografía é unha estrutura.
Os suxeitos desta peza están no mar.
Outros, cando o punto máximo,

pisan os fondos e atravesan a pé
polos vaos.

Vese isto desde un lugar privilexiado:

a confluencia de continxentes en dirección
      á estrutura
e se esta é penetrable ou non
(non se resolve):
hai:
animais salvaxes —que incluso uns
transitan por riba dela—
pero logo unha ou varias marchas que,
sen mudanza a outras presións aparentes,
están en parte dentro
e como avanzando case ata cruzala.

A estrutura está na xeografía. A xeografía
é unha estrutura.

Despois, aí, as casas.

Dentro das casas hai multiplicidade de formas.
Por iso nalgunhas
sempre quedan tronos e suxeitos
que teñen habilidade de mirar.

Agriden nestes escenarios
en forma de dotarse-das-propiedades-da-casa.

Dentro da xeografía, a estrutura.
Dentro da estrutura, a obra dos arquitectos.

E dentro e fóra das casas a obra dos arquitectos.

E no mar as casas do peixe estabulado.

A cidade moteándose na masa líquida.

Malia isto segue a ser exenta, baixorrelevo
percutíndose contra a propia parede.

O peixe forma parte da cidade.

O mar, rotundamente, non formaría parte da cidade.

O mar respírano.

Ante os suxeitos que
marchan nos continxentes
hai
un deserto habitado.

A ría vírona como unha illa deserta pero
habitada rodeada de brazos
como formigón
ou praias
ou…

Porén
todo isto non fai estrutura.
O baixorrelevo, iso si, átase á illa;
por aí aboian
con auga nos pulmóns
os agredidos
e con mordedelas de morea e congro.

As formas toman torsión se penetran en certas
casas.
Noutros casos é desde fóra: aparecera un monólito
e puxéranse a correr case do pánico
e evolucionáralles a idea sobre este máis tarde.
E eran eles quen asumiran a súa presenza,
porque ata o de entón eran animais
a competir con outros animais,
con outros individuos.

Así a todo reflexáranse no monólito.

Ao vérense a si mesmos souberan
da violencia e habitárano. E crearan a arma.

Isto porque
foran agredidos polas casas
antes de seren estas penetrables. Penetráronas
e fixéronas súas.
Puxeron da súa man todo o dano que fan
as casas-monólitos.
Todo como un baixorrelevo ao seu paso.

Ata que chegan e
imaxinan a estrutura
cando se pon rumbo cara ao que será a cidade.
Dándolles nas bandas as mordedelas de morea
ou congro.

Tórceselles a man para domear as bestas.

Dentro das casas.

Fóra das casas.

Morren e organizan os residuos.

Os mortos flotan na ría mordidos por
moreas ou congros.

Exectan toda clase de refugallos e percútese
o baixorrelevo.

Planifícano dentro das casas.
Execútano fóra das casas.

Cae sobre todos eles o peso da estrutura.

EN LUGAR DE MEDIR A DISTANCIA ENTRE OS ACONTECEMENTOS, ESCORREGAN AS ACCIÓNS PUNIBLES DO CORPO AO DISPOSITIVO

Ás portas da cidade un reo levanta
a cabeza e pode ver o seu corpo en proceso de
desmembrarse.

As ferramentas que se empregan con rutina
son: armas de aire comprimido,
gas vaporoso,
fíos.

En canto aos pavillóns, acollíanse presos.

Os reos levantaban a cabeza
e mesmo podían ver o seu corpo desmembrado.

Nos outros pavillóns converten cabalos, ovellas
en alimento.

Un recolledor esfolaba un cabalo e
antes deixárao no chan
valéndose dunha arma de aire comprimido.
Paraba e descansaba e instalábase na intelixencia de
aparatos para mellorar a acción.
Camiñaba entre restos de cabalos cunha perna
de madeira.
Instalábase na intelixencia dunha perna
de madeira para poder camiñar e salvar a cabeza
ou as entrañas dalgún animal.

Outorgóuselles nalgún punto
dispositivos aos habitantes,

ou, en verdade,
foron estes os continxentes que se dotaron
        da estrutura
e ela ocupoulle os corpos.

Xa podían habitala e expulsar os reos
cara a fóra das portas, incluso
deixalos sen membros, darlles-o-suplicio.

Cantaban a maioría:
"A nosa pel volveuse fina e por partes tecéronnola.
Os nosos ósos, expostos.
A vida reduciuse a intres.
Desde os arrabaldes da cidade
colidimos contra esta terra.
Os anos.
Os anos pasaron e entón nós
pasamos tamén e..."

Volvían e poñíanse como animais para
durmir nos edificios preto das portas
da cidade,
dentro da cidade.
Durmían nos edificios, dentro de si.

Pódense ver neles.

Os recolledores volven ao predio.
Penétrano e ocultan as mans e as pernas.
Repetidamente abren reses en canal así como
buscaron algúns acubillo entre esas costelas
moito despois.

Cando o fixeron esvaecéronse
baixo unha tribulación
de luz.

Cantouse:

“Sobre os reos e o corpo desmembrado dos reos
a luz nunca cesa.
Perdidos de si mesmos
a luz nunca cesa.
Todos estes ollos, e este miradoiro filtrándose
sobre nós porque
a mirada nunca cesa.
A luz está sobre nós ata que si que
a nosa vida cesa”.

Pechábanse as portas da cidade cando noite
e os edificios penetraban nas costelas.

III

ATÉNDESE A VISIONARIA, QUE SE COLOCA NO MIRADOIRO (DA ALTURA E DO PASADO RECONSTRUÍBLE EN FORMA DE CANTOS) ACOMPAÑADA DE ESEXETAS. ANOTAN E CALAN INCLUSO CANDO PERDE A VISIÓN (1)

"Ninguén pode dicir o tornado
que levanta as augas
e é escuro
e que se arrastra cara aos embarcadoiros".

"Nin se pode dicir
luz de eclipse solar.
Nin como perdo a luz.
Nin como é que así oio crótalos
transmitíndose nalgúns dos predios".

"Levántanse as augas e agora á vez baixan ou
vanse".

ATÉNDESE A VISIONARIA, QUE SE COLOCA NO MIRADOIRO (DA ALTURA E DO PASADO RECONSTRUÍBLE EN FORMA DE CANTOS) ACOMPAÑADA DE ESEXETAS. ANOTAN E CALAN INCLUSO CANDO PERDE A VISIÓN (2)

"Podo recibir resonancias,
fartarme os ollos de luz
e á vez escoitar intercambios de alimento
baixo algunha edificación que se amplifica".

Os acompañantes crían evidente,
desde aí, que se conectaban os
uns aos edificios
ou aos dispositivos mesmos,
así como terían a necesidade os que máis
de privalos de partes do seu corpo.

Nos organismos, entón,
coubese o funcionamento externo de aparellos,
redes de abastecemento…

"Asisto a unha imaxe estática".

A visionaria, infundida por coñecementos que non
asume.

"Regrésase da illa cruzando a pé polo vao".

Entenden: creaban
unha notable triangulación na base.

Sedente, así como oíran,
aquel a quen só se referiría a visionaria

por un nome único
e como receptor dun resarcimento.

Desdóbranselle as tempas. Preside
como esgazan un corpo que non é multiplicable.

Os cabalos levaban brazos ou pés en distintas
direccións.

Para os asistentes ao canto da visionaria,
dita imaxe desenvólvese con filacterios.

ATÉNDESE A VISIONARIA, QUE SE COLOCA NO MIRADOIRO (DA ALTURA E DO PASADO RECONSTRUÍBLE EN FORMA DE CANTOS) ACOMPAÑADA DE ESEXETAS. ANOTAN E CALAN INCLUSO CANDO PERDE A VISIÓN (3)

Nunha picota perfílase outra
figura invertida e simétrica.

Filacterio: "Aquí retomariamos a orde habitual
da cidade".

Nos suplicios é esta,
retomando un punto de succión localizable,
tensionándose.

A cidade é a mesma, pero proxéctase
e triplícase.

O punto de succión éo porque solidifica.

Filacterio: "Marcha dos que presencian o suplicio".

Filacterio: "Absorción".

Apunta un dos esexetas que isto se remonta a...

OS FEITOS QUE SE EVIDENCIAN REMÓNTANSE A ESTE LUGAR E ESTE TEMPO

Cando chegaran á zona toda
que se abre á vista desde o miradoiro,
distinguiran unha sacudida nos ollos
co brillo das praias de cunchas,
brancas,
absolutamente.

A grea descansaba nelas,
no final do
percorrido practicable sen o emprego de barcazas.

Pouco despois
expuxéronse á chegada dos
que viaxaban baixo palio.

Habían de ser estes
os primeiros en apoderarse das fontes de alimento.

Dixeran:

"Facede nosa toda esta zona, a onde vos alcance
o ollo".

O palio avanzaba perfumado con incensos.

"Impoñédelle obediencia á terra, ás augas..."

Pediron certos animais da grea,
facendo, dos seus ósos,

substrato da praia.
Das súas peles,
os inicios das edificacións.

O restante fíxose suspender en varas.

"As viandas correspóndennos,
mais outro tipo de aparatos comestibles
mediranse en función de se renden mellor..."

Cortóuselle o peito e o ventre a un animal
e evidenciouse quen tiña corpo dobre.

O animal non, pois,
coas súas carnes consumidas
e os seus restos retirados fóra dos límites,
non había nada.

Aos que se presentaran incensados no palio
quedaríalles un corpo
que era toda a cidade e
disociábase das súas mans,
ou dos ganglios que se inchaban no pescozo.

Os continxentes aproxímanse e pisan tales cinturas.
Ocúpanas.

A partir diso,
vese desde o miradoiro
a pel da cidade formar tralladas porque arrefría.
Na illa vese que as praias de cunchas collen
tralladas.

Cruzaron á illa por aí,
unha praia de restos de animais mariños,
e afiaron as trenchas para comezar as barcazas.
Para iso todos cruzaban a pé. Impoñíaselle así
a obediencia á terra. Impoñíaselle
obediencia ás augas para traer peixe.

Os que saían nas barcazas
entraron en
conflito e cando
volveron pisar a terra
esfarelaron edificacións da cidade.

Os do palio escolleron un e cortáronlle
o peito e o ventre:

"Este corpo é divisible pero non é dous-corpos.
Preparádevos para ser levados sobre os lombos
dos cabalos.
Man dura sobre a terra.
Sentide ese peso sobre vós".

Comezara a cidade a absorberse cara a si.

DECESO DA VISIONARIA E VISTA XERAL DA CIDADE (PREGÁNDOSE SOBRE SI) POR PARTE DOS ESEXETAS, QUE ENMUDECEN

En tal situación desángranse
os ollos da visionaria.

Déixanse de oír os cantos.

Escorzo en todas as direccións
do último que visita.

Os esexetas atrévense a mirar
e calan
ante a deserción que atopan a esa distancia.

Abaixo arrodéase o monte e
todas as bocas ábrense
pegadas á parede
agardando beber dos zumes
que escorregan dos ollos da visionaria.

Escorzo en dirección das
bocas capaces de consumir, dos zumes,
o ollo da visionaria.
Estes tardan en permear
suficientes respiracións da cidade
para que moitas das bocas caian
e veñan outras,
como caen predios e se erguen outros.

Forman un patrón.

As augas móvense incluso deixándolles
ver aos esexetas cúmulos de barcazas en regreso.

Recóllese toda a cidade en si.
Eles preparan un leito para a visionaria
e báixana a un tempo dilatado.
A cabalgata da visionaria é a
derradeira das marchas que se repregan contra
a cidade.

Calan os esexetas e descenden
cun sismo escandaloso de visión nos ombros.

Escorzo en dirección do
punto central onde a masa se abxecta.

Medraban sobre talos
firmes plantas
excesivamente grandes para a cidade.

Que esta se abxecte é unha implosión.

BREVÍSIMO ENSAIO SOBRE A APARICIÓN DA IMAXE

Na implosión da cidade
producíronselles perforacións clínicas nos ollos.

Daquela non escriben xamais os esexetas.

Aparecía unha imaxe en si,
sen pupilas,
dentro da imaxe,
sen punto xustificable da perspectiva.

Todo isto permea a través das veas inchadas.

ÍNDICE

I

II

III

Este libro,
TRES ESTUDOS
PARA UN POEMA DA CIDADE,
de *Antón Blanco Casás*,
rematouse de imprentar en
Ulzama Digital
o día 12 de febreiro de 2018.